ANALISI DEL LIBRO

Un segreto

• • • • • • • • • • • • • • •

PHILIPPE GRIMBERT

ANALISI DEL LIBRO

Scritto da Pierre Weber
Tradotto da Sara Rossi

Un segreto

PHILIPPE GRIMBERT

PHILIPPE GRIMBERT   5

Scrittore e psicoanalista francese   5

UN SEGRETO   6

Un'opera tra autobiografia, fiction e narrazione terapeutica   6

SOMMARIO   7

Un passato reinventato   7
Storia della famiglia   8

STUDIO DEL CARATTERE   11

Il narratore   11
Maxime   12
Tania e Hannah   14
Louise   14

CHIAVI DI LETTURA   15

Romanzo, testimonianza o racconto autobiografico?   15
Una storia terapeutica   16
Identità ebraica in questione   18

SPUNTI DI RIFLESSIONE   20

Acune domande per approfondire la sua riflessione   20

PER ANDARE OLTRE   21

Edizione di riferimento   21
Adattamento   21

PHILIPPE GRIMBERT

SCRITTORE E PSICOANALISTA FRANCESE

- **Nato nel 1948 a Parigi**
- **Alcune delle sue opere:**
  - *Non si fuma senza Freud: la psicoanalisi del fumatore* (1999), saggio
  - *Il vestitino di Paul* (2001), romanzo
  - *Un segreto* (2004), romanzo

Nato a Parigi nel 1948, Philippe Grimbert è uno scrittore e psicoanalista contemporaneo. Oggi lavora nel suo studio parigino e in istituzioni specializzate in autismo e psicosi adolescenziali.

Con Grasset ha pubblicato quattro romanzi: il primo, *La Petite robe de Paul* (2001), lo ha reso famoso; il secondo, *Un segreto* (2004), è stato un grande successo; il terzo, *La Mauvaise Rencontre*, pubblicato nel 2009; e l'ultimo, *Un Garçon singulier*, pubblicato nel 2011. Appassionato di musica, ha pubblicato diversi saggi, tra cui *Psicoanalisi della canzone* (1996).

UN SEGRETO

UN'OPERA TRA AUTOBIOGRAFIA, FICTION E NARRAZIONE TERAPEUTICA

- **Genere:** romanzo autobiografico
- **Edizione di riferimento:** *Un secret*, Paris, Librairie générale française, 2006, 192 p.
- **1ª edizione:** 2004
- **Temi:** Seconda Guerra Mondiale, Shoah, famiglia, segreto, identità

Nel maggio 2004 Philippe Grimbert ha pubblicato *Un segreto*, un romanzo autobiografico per il quale ha ricevuto il Prix Goncourt des lycéens nel 2004 e il Prix des lectrices de *Elle* nel 2005. Nel 2007, Claude Miller ha diretto un adattamento cinematografico del romanzo con Cécile de France, Patrick Bruel, Ludivine Sagnier e Julie Depardieu.

Il narratore è un ragazzo malaticcio nato dopo la Seconda Guerra Mondiale, unico figlio di Tania e Maxime, due genitori forti. La storia della sua famiglia lo tormenta ed è schiacciato da un pesante segreto di cui non sa nulla fino al giorno in cui finalmente ha la rivelazione. Questo cambio di prospettiva ribalterà il suo destino.

SOMMARIO

UN PASSATO REINVENTATO

Figlio di due grandi sportivi che gestiscono un negozio di articoli sportivi, il narratore, un ragazzino, evoca il fratello che ha sempre desiderato e costruito nella sua immaginazione, il suo doppio e il suo opposto, un essere tanto sicuro di sé e vigoroso quanto lui stesso è gracile ed emaciato.

Per colmare il silenzio dei genitori sulla storia della famiglia, la reinventa a suo piacimento, immaginando il padre, Maxime, come un giovane seduttore sicuro di sé e la madre, Tania, come una bella ragazza che fa la modella per gli stilisti, il loro incontro in uno stadio sportivo, la loro storia d'amore. Pensa che i suoi genitori si siano innamorati, siano andati a vivere insieme e abbiano deciso di aprire un negozio di articoli sportivi. Quando arrivò la guerra, pensa che la coppia affidò il negozio a Louise e lasciò Parigi per Saint-Gaultier, un piccolo villaggio nella regione dell'Indre, dove trascorse giorni felici e spensierati, lontano dal rumore e dal trambusto. Quando tornarono nella capitale, la vita prese il sopravvento e, di fronte all'insistenza di Tania per avere un figlio, Maxime cedette: nacque un maschietto, malaticcio e gracile, con grande sorpresa dei suoi robusti genitori. Questa è la storia della famiglia come il ragazzo l'ha sempre immaginata.

Il tempo passa e il narratore entra a scuola. È studioso e diligente, innamorato dei libri quanto maldestro nello sport. Il ragazzo parla dei suoi familiari, che lo visitano regolarmente.

Ma la sua preferita è la vicina di casa, Louise, sua complice e confidente: una signora di sessant'anni, afflitta dal piede torto e segnata da alcol e tabacco. Quando scopre in un ripostiglio un cagnolino di peluche che vuole subito adottare, i genitori si bloccano: all'inizio glielo proibiscono, ma alla fine cedono e il ragazzo chiama il cane Sim. Il fratello che ha inventato per sé, con il quale ha discussioni immaginarie, è sempre presente nei suoi pensieri.

STORIA DELLA FAMIGLIA

Solo a quindici anni il protagonista scopre gradualmente cosa è realmente accaduto durante la Seconda Guerra Mondiale: un giorno, mentre a scuola viene proiettato un documentario sulla Shoah, un ragazzo fa battute antisemite: i due litigano. Quando l'adolescente racconta a Louise questo episodio, lei decide di rompere il suo silenzio e di dirgli la verità: Louise è ebrea, così come i suoi genitori. Prima di sposarsi, i suoi genitori erano fratello e cognata. Suo padre aveva un figlio, Simon, un vero fratellastro, che corrispondeva così bene al fratello immaginario che l'eroe aveva inventato per sé.

Grazie alle rivelazioni di Louise, il ragazzo ricompone la storia della sua famiglia: Maxime, suo padre, ha preso come prima moglie Hannah, che ha amato con un amore più sereno e maturo. Al matrimonio incontra la cognata Tania. Quando la vede, prova un desiderio colpevole. Ma fortunatamente, dopo la cerimonia, Tania torna a Lione, dove vive e lavora: la distanza aiuta, il desiderio si affievolisce. Da parte loro, Maxime e Hannah hanno un figlio che li rende felici: Simon, un bambino atletico e sorridente. Tania non riesce a rimanere incinta.

Inizia la guerra e, dopo essersi arresa, la Francia instaura il regime di Vichy, che attua una politica di collaborazione con il nemico: per gli ebrei sono tempi duri. Il marito di Tania è al fronte e lei si rifugia con la famiglia a Parigi. Durante una dimostrazione di immersione, la giovane donna affascina tutta la famiglia e abbaglia Maxime, il cui desiderio rinasce, più vivido che mai. Ma Hannah, che si rende conto di ciò che sta accadendo tra loro, si consola riempiendo il figlio di affetto: piuttosto che litigare, vorrebbe sparire.

Quando inizia la caccia agli ebrei, Maxime convince la sua famiglia a lasciare la Francia occupata e a rifugiarsi a Saint-Gaultier. Scelgono di arrivare a destinazione in due ondate: prima gli uomini, poi le donne e i bambini. Maxime fa da apripista e arriva a destinazione sano e salvo. Tania, invece, parte per Lione, dove deve risolvere alcuni affari prima di raggiungere il resto del gruppo.

Tuttavia, la partenza è ritardata. Quando Hannah viene a sapere che Tania ha già raggiunto Maxime a Saint-Gaultier, questa notizia la gela: è infatti terrorizzata dall'incontro di questi due esseri irresistibilmente attratti l'uno dall'altro. Il giorno della partenza, la giovane donna esita: non vuole partire, si lascia trascinare dagli altri come un peso morto. Poco prima di attraversare la linea di demarcazione, durante un controllo di routine dell'esercito tedesco, accade l'impensabile: la donna denuncia spontaneamente se stessa e suo figlio. Entrambi vengono portati via e il resto del gruppo si unisce a Saint-Gaultier con il cuore pesante.

Sconvolto dalla notizia, Maxime attraversa un doloroso periodo di lutto, ma gradualmente si riprende e cede al suo desiderio: lui e Tania diventano amanti. Alla fine della guerra, tutti tornano a Parigi e Tania e Maxime si separano. Ma quando vengono a sapere della morte di Hannah, il marito di Simon e Tania, finiscono per scegliere di vivere insieme. Dalla loro unione nasce il narratore.

Questa rivelazione trasforma l'adolescente, ma quando non supera l'esame orale su una domanda sul regime di Vichy, si rende conto che ci sono ancora zone d'ombra. Da quel momento in poi, fa ricerche e trova l'ultimo pezzo del puzzle: Hannah e Simon sono morti ad Auschwitz, dove sono stati sottoposti alle camere a gas il giorno dopo il loro arrivo.

Alla fine il narratore si diploma e inizia a studiare psicoanalisi. La morte di Eco, il cane di famiglia, è l'occasione per lui di rivelare al padre tutto ciò che sa: questa verità, finalmente detta, libera la famiglia dal proprio segreto e le permette di ritrovare la serenità.

Dopo aver vagato per le corsie di un cimitero per cani, ha deciso di scrivere questo libro, di dare una sepoltura ad Hannah e Simon e di fare definitivamente pace con se stesso.

STUDIO DEL CARATTERE

IL NARRATORE

Possiamo ovviamente indovinare che ci sia lo stesso Philippe Grimbert dietro la voce narrante di questa storia dalle forti sfumature autobiografiche.

Anche se il narratore racconta la sua storia da adulto, si tratta soprattutto del bambino che era. È nato dopo la Seconda Guerra Mondiale, nessuno gli ha parlato della Shoah (il genocidio degli ebrei), ma ha completamente interiorizzato il trauma vissuto dai suoi genitori e dalla sua famiglia.

- Tutto il suo corpo esprime la sofferenza del suo popolo. È magro, pallido e debole, come se avesse una malattia o fosse malnutrito. In effetti, assomiglia ai prigionieri dei campi di concentramento, che non ha mai visto.

- Psicologicamente, i suoi problemi riflettono il dramma che ha avuto luogo prima della sua nascita. Il suo fratello immaginario, una presenza ossessiva e a volte inquietante, con cui ha un rapporto fatto tanto di complicità quanto di rivalità, ha una strana somiglianza con il fratellastro che non ha mai conosciuto.

Il narratore non riesce a trovare una via d'uscita a questi problemi, così come la sua famiglia non riesce a venire a patti con i tragici eventi che si sono verificati.

Oltre ad essere un bambino sofferente, il narratore è alla ricerca di un significato e del passato. Il silenzio dei suoi genitori ha lasciato un vuoto che non gli permette di sapere a chi appartiene e qual è la sua storia. Ha quindi difficoltà a costruire la propria identità. Per farlo, cerca di ricostruire la storia della sua famiglia, sperando di trovare risposte alle sue domande. È grazie alle confidenze di Louise che il narratore riesce a ripercorrere la vera storia della sua famiglia. E anche se è doloroso, gli permette di trovare risposte precise alle sue domande. Una volta rivelata la verità, può finalmente guarire dai suoi problemi: la sofferenza fisica e psicologica e i problemi di identità.

MAXIME

Maxime è il padre del narratore. È atletico ed attraente ed è consapevole dell'effetto che può avere sulle donne, avendo passato la sua giovinezza ad approfittarne. L'incontro con Hannah avviene in un momento in cui l'uomo è alla ricerca di una maggiore stabilità, ed è proprio ciò che questa donna gentile e amorevole può dargli.

La loro unione, tuttavia, non piace a Maxime. Essendo un uomo fortemente concentrato sui suoi sensi fisici, ha bisogno di qualcuno che risponda al richiamo del suo corpo, e questo non è il caso di Hannah. Se ne rende conto quando vede la cognata Tania il giorno del suo matrimonio. Il fallimento di quest'ultimo sembra quasi inevitabile, anche se si sentirà in colpa per tutta la vita per non essere riuscito a controllarsi.

Per questo motivo, l'attività sportiva svolge un ruolo fondamentale nella sua vita. Attraverso di essa, egli cerca non solo di esercitare se stesso, ma anche di mantenere il controllo della propria vita. È nello sport che si rifugia quando sente che le cose gli stanno sfuggendo di mano o per cercare di domare le sue emozioni:

- quando viene proiettato un documentario sulla Shoah: "Una sera la televisione mostrò un film sul periodo [della guerra] e mio padre si ritirò nella sua palestra, incapace di sopportare quella vista. Lo scontro dei suoi pesi, il sibilo del suo respiro, coprivano gli ordini abbaiati in una lingua che non riusciva più a sentire" (pp. 64-65);

- dopo il funerale del padre: "Appena arrivato a casa, mio padre prese Eco in braccio e uscì sul balcone per stare a lungo a guardare la strada, poi si chiuse in palestra come al solito (p. 165).

Infine, la questione dell'identità, e in particolare dell'appartenenza alla comunità ebraica da cui proviene, è particolarmente importante per Maxim. Fin dalla giovinezza non ha dato molta importanza ai riti ebraici (non rispettava lo Shabbat, accettava un matrimonio religioso solo per compiacere i parenti). Tuttavia, la questione si fa più acuta quando si tratta del censimento degli ebrei, dell'uso della stella gialla e, infine, del cambiamento della grafia del suo nome (Grinberg diventa Grimbert, per sembrare più francese): al personaggio viene rimproverato di negare le sue origini, di vergognarsene.

Il problema è comunque complesso ed è difficile condannare il comportamento di Maxime, anche se è tanto più discutibile in quanto si nota in lui una certa attrazione per il fascismo, che ben si sposa con il suo gusto per l'attività fisica, l'ordine e la disciplina (si rifiuta a lungo di considerare che l'occupazione tedesca possa rappresentare un pericolo).

TANIA E HANNAH

Le due sorelle, che diventeranno a loro volta compagne di Maxime, formano una coppia molto complementare, in cui una possiede ciò che manca all'altra e viceversa:

- Hannah è una donna sognante, tenera e gentile. Fisicamente, i suoi tratti rotondi riflettono il suo temperamento. È totalmente rivolta verso gli altri, al loro servizio fino al punto di essere pronta a sacrificarsi per loro (è quello che farà, per permettere a Tania e Maxime di vivere insieme). È la figura materna per eccellenza;

- Tania è una donna dinamica e seducente. Annoiata dalla routine del suo primo matrimonio, trova in Maxime la forte passione di cui ha bisogno per sbocciare. È una specie di femme fatale, tutta seduzione, ma quasi incapace di diventare madre (per molto tempo non riesce a rimanere incinta e il parto del suo primo e unico figlio è doloroso).

LOUISE

Donna di mezza età dall'aspetto poco attraente (ha un piede equino e il viso segnato dall'alcol e dal tabacco), Louise lavora in uno studio medico proprio accanto al negozio dei genitori del narratore. Svolge il ruolo di medico per tutta la famiglia, sia per il corpo (fornisce al narratore le cure mediche necessarie, massaggia Tania e Maxime dopo i loro sforzi sportivi) che per l'anima (è la confidente privilegiata del narratore, ed è grazie alle sue parole che egli guarirà). È una persona estremamente aperta e tollerante, che ascolta sempre le persone.

CHIAVI DI LETTURA

ROMANZO, TESTIMONIANZA O RACCONTO AUTOBIOGRAFICO?

Lo statuto del libro solleva degli interrogativi: sebbene la dimensione autobiografica del testo sia evidente, non si può parlare di autobiografia o di testimonianza. In effetti, ci sono elementi sia del genere autobiografico che di quello romanzesco.

L'autobiografico

La storia si svolge in un momento recente della storia contemporanea e fa riferimento a tutta una serie di eventi realmente accaduti. Allo stesso modo, tutti i luoghi citati nel libro esistono.

Inoltre, i personaggi del libro sono persone reali. In particolare, il narratore è un tutt'uno con l'autore e la presenza di elementi verificabili, come l'aneddoto del cambiamento dell'ortografia del nome Grimbert o il fatto che l'autore sia diventato uno psicanalista, conferisce alla storia una vera autenticità.

L'epilogo ancorerà il testo alla realtà, mostrando che anche dopo la fine della storia la vita continua. Si tratta di un espediente spesso utilizzato nelle storie di eventi reali, sia nella letteratura che nel cinema.

Il narratore attribuisce pensieri, sentimenti e stati d'animo a tutti i personaggi, anche quando racconta eventi avvenuti prima della sua nascita. Ma è ovvio che non ha modo di penetrare la loro interiorità: può solo immaginare, supporre, indovinare. L'opera contiene quindi una grande quantità di narrativa.

Così, lungi dall'essere una successione di elementi grezzi, la storia è presentata da un narratore che la controlla e la organizza molto bene. Si possono citare due esempi di procedure tipiche della scrittura romanzesca:

• fin dall'inizio, nasconde l'esito della vicenda, ma aumenta il numero di annunci e allusioni, sia sull'esistenza del fratello, sia sul suo nome o sull'esito della sua storia ("A sentire loro, ho sempre avuto questo nome locale", p. 15);

• alcune persone, come le due sorelle Tania e Hannah, formano una coppia così complementare che è difficile non vederla come un sistema di personaggi fittizi.

Il testo non va quindi considerato come una semplice testimonianza, ma piuttosto come una narrazione plausibile costruita a partire dalla realtà (alla quale non necessariamente si adatta perfettamente). Una qualificazione adeguata potrebbe essere quella di romanzo autobiografico.

UNA STORIA TERAPEUTICA

Come indica il titolo, il tema essenziale del romanzo è la questione del segreto familiare, vissuto con dolore sia dal narratore che dai suoi genitori. Per superarlo, il narratore si cura con le parole esplorando il passato della famiglia: nel farlo, segue esattamente il metodo proposto dalla psicoanalisi, il che non sorprende visto che è la professione dell'autore. Per questa disciplina, svelare la verità sepolta, repressa nell'inconscio personale o collettivo, è considerato essenziale per guarire i propri problemi: la parola ha quindi una virtù terapeutica.

L'orientamento psicoanalitico dell'autore si nota anche nel suo approccio alla questione della sessualità del bambino. Senza soffermarsi troppo, evoca chiaramente le pulsioni del bambino e poi dell'adolescente: questo ragazzo nato da un amore adulterino e quasi incestuoso (il padre e la cognata!), frutto della trasgressione di un divieto, nutre desideri colpevoli, proibiti, persino devianti. Così, quando vide il suo primo documentario sulla Shoah: "La prima nudità che vidi sullo schermo, macchie pallide che si stagliavano sullo sfondo grigio delle caserme. Sapendo fin troppo bene cosa ne avrei fatto una volta rimasta sola nella mia stanza, mi sono soffermata su queste carni già profanate" (p. 65).

 ## BUONO A SAPERSI: IL SEGRETO DI FAMIGLIA

Quando un trauma (morte, disastro naturale, attentato o guerra) non può essere accettato, domato da una famiglia, rimane lì come problema latente che può manifestarsi in modi diversi, psicologicamente o fisicamente. Anche quando il silenzio che circonda il trauma è totale, tutti i membri della famiglia, compresi quelli che non l'hanno vissuto e non ne hanno sentito parlare direttamente, sanno di cosa si tratta, più o meno consapevolmente, più o meno chiaramente. I segreti possono così essere trasmessi da una generazione all'altra, in modo silenzioso, con la sofferenza che ne consegue.

IDENTITÀ EBRAICA IN QUESTIONE

L'atteggiamento di Maxime durante l'occupazione solleva la questione dell'identità e dell'appartenenza alla comunità ebraica. Fin dalla giovinezza ha mostrato scarso attaccamento alla fede. Questo distacco fu confermato quando, durante la guerra, si rifiutò di presentarsi all'amministrazione durante il censimento degli ebrei nel 1940, poi quando si rifiutò di considerare di indossare la stella gialla nel 1942. In seguito, arriverà a cambiare il proprio cognome per farlo sembrare più francese.

Questo atteggiamento viene rimproverato dal resto della comunità ebraica, che lo vede come un rifiuto, addirittura un tradimento. Per loro, assumere la propria identità è un principio che non può essere messo in discussione. Per esempio, rifiutare di indossare la stella gialla equivaleva a rifiutare di essere ebreo: era quindi semplicemente impensabile. Questo è forse uno dei motivi per cui gli ebrei erano così collaborativi durante l'occupazione, soprattutto durante il censimento effettuato dai nazisti nel 1940.

Per quanto riguarda Maxime, ci si può chiedere se non stia rifiutando troppo radicalmente le sue origini. Ma quando sappiamo quanto l'atteggiamento collaborativo degli ebrei sia stato utile alla causa nazista (è dai censimenti del 1940 che fu orchestrata la caccia del 1942), non possiamo necessariamente dimostrare che si sbaglia. Molti avrebbero potuto essere salvati se avessero agito nello stesso modo. Dietro questa domanda, quindi, c'è un vero e proprio problema di coscienza a cui è molto difficile, ancora oggi, trovare una soluzione.

SPUNTI DI RIFLESSIONE

ACUNE DOMANDE PER APPROFONDIRE LA SUA RIFLESSIONE

- In che modo possiamo dire che l'influenza della psicoanalisi si fa sentire nel romanzo?

- Secondo lei, *Un segreto* è più vicino alla finzione o alla realtà? Giustificare la risposta.

- Nel romanzo, la parola ha un effetto terapeutico e molti problemi si risolvono quando il silenzio viene eliminato. Pensate che sia sempre così? Pensate che tutte le verità siano buone da raccontare? Argomentate.

- Debolezza, oppressione, silenzio e parole non dette sono alcuni dei sentimenti che caratterizzano l'infanzia del narratore. Come si possono trasmettere questi sentimenti in un film?

- Pensa che Maxime abbia sbagliato a non indossare la stella gialla? Spiegare.

- Cosa pensiamo del sacrificio di Hannah? È giustificato, comprensibile, anormale? Perché è così?

- *Un segreto* è sia un resoconto che un romanzo. Ritiene che la rielaborazione di ricordi o esperienze in chiave letteraria aggiunga qualcosa alla storia o sia negativa? Discutere.

- Tania e Maxime devono essere condannati per la loro unione? Spiegare.

PER ANDARE OLTRE

EDIZIONE DI RIFERIMENTO

GRIMBERT P., *Un secret*, Paris, Librairie générale française, 2006.

ADATTAMENTO

Un secret, film di Claude Miller, con Patrick Bruel, Cécile de France, Ludivine Sagnier, 2007.

Vogliamo sapere da voi!
Lasciate un commento sulla vostra biblioteca online
e condividete i vostri libri preferiti sui social media!

www.50minutes.com

Master ISBN: 9782808689397
ISBN cartaceo: 9782808610797
Deposito legale: D/2023/12603/1359

Copertura: © Primento

Concezione digitale a cura di Primento, il partner digitale degli editori.